高速公路施工常见质量问题及防治措施

主 编 ◎ 陈文清 方仁义 牟世辉

西南交通大学出版社
·成都·

图书在版编目（CIP）数据

高速公路施工常见质量问题及防治措施 / 陈文清，方仁义，牟世辉主编. -- 成都：西南交通大学出版社，2024. 6. -- ISBN 978-7-5643-9866-8

Ⅰ. U415.12

中国国家版本馆 CIP 数据核字第 20244WN581 号

Gaosu Gonglu Shigong Changjian Zhiliang Wenti ji Fangzhi Cuoshi
高速公路施工常见质量问题及防治措施

主编　陈文清　方仁义　牟世辉

责 任 编 辑	杨　勇
助 理 编 辑	陈发明
封 面 设 计	吴　兵
出 版 发 行	西南交通大学出版社 （四川省成都市金牛区二环路北一段 111 号 西南交通大学创新大厦 21 楼）
营销部电话	028-87600564　028-87600533
邮 政 编 码	610031
网　　　址	http://www.xnjdcbs.com
印　　　刷	成都蜀通印务有限责任公司
成 品 尺 寸	170 mm × 230 mm
印　　　张	5.75
字　　　数	65 千
版　　　次	2024 年 6 月第 1 版
印　　　次	2024 年 6 月第 1 次
书　　　号	ISBN 978-7-5643-9866-8
定　　　价	39.00 元

图书如有印装质量问题　本社负责退换
版权所有　盗版必究　举报电话：028-87600562

本书编委会

主　　编：陈文清　方仁义　牟世辉

副 主 编：张骞棋　闫　忠　张文居　周　礼
　　　　　陈志宇

参编人员：梁小龙　付　霞　刘科成　卢忠明
　　　　　刘　涛　熊海彬　陶俊威　王　青
　　　　　华　绪　郭　勇　李新舜　张　川
　　　　　赵银亭　苏　宇　申成都　李　智
　　　　　杨莎莎　查　曼　何芸舟　刘人毓
　　　　　罗洪伟

前　言

《西部大开发"十二五"规划》明确了我国西部开发战略部署的基本思路。交通基础设施在国民经济建设中的重要地位不言而喻，更是西部开发建设的首要重点。而我国西部中高海拔、高严寒地区存在高海拔、低气温、大温差、强辐射、自然灾害频繁等诸多不利因素，导致公路工程建设成为西部建设的重点、难点之一。本书对高海拔地区特殊施工环境进行分析研究，并结合该地区施工控制难点以及存在的问题，提出基于高海拔地区环境特点的质量控制措施、施工技术要点，可为类似地区公路建设施工管理、质量控制提供一定技术参考和理论依据。

本书从系统操作控制的角度出发，详细阐述了公路工程施工质量控制相关过程。本书以路基、路面、桥梁、隧道工程等施工工艺流程为主线，以分项工程质量技术控制为要点，力求图文并茂，使理论知识接近于现场施工，使广大从业者更好理解和控制施工质量。

本书主编陈文清、牟世辉、方仁义负责组织策划全书的统稿及总体质量控制框架的编制，副主编陈志宇协助编制总体质量控制框架，参编人员梁小龙、付霞、刘科成、卢忠明、刘涛、熊海彬、陶俊威、王青、华绪、郭勇、李新舜、张川、赵银亭、苏宇、申成都、李智、杨莎莎、查曼、何芸舟、刘人毓、罗洪伟负责编制路基、路面、桥梁、隧道施工质量控制要点。在此感谢所有参与编制本书的人员，他们以严肃的科学态度，精益求精的工作作风，一丝不苟地完成了各项编制任务。特别致敬所有坚守高原的建设者们，他们奉献热血、奉献青春，他们是高原公路建设的一座座丰碑。

由于编者水平有限，书中难免存在不足和欠妥之处，我们衷心希望广大读者能够对本书的不当之处给予批评指正。

编 者

2023 年 7 月

目 录

1 路基工程 ··· 1

 1.1 高填、半挖半填路基不均匀沉降 ························· 1

 1.2 路基填筑压实质量通病 ····································· 3

 1.3 路基边坡塌方 ··· 8

 1.4 三背回填不规范 ··· 12

 1.5 防护工程混凝土结构裂缝 ································· 13

 1.6 防护工程混凝土外表蜂窝、麻面，模板缝处不平顺 ······· 14

 1.7 挡墙沉降缝不垂直整齐、泄水孔数量不足或堵塞 ········· 18

 1.8 边沟、排水沟质量通病 ···································· 18

 1.9 涵洞工程钢筋定位不准确、间距不符合设计
   及规范要求 ·· 19

 1.10 涵洞工程钢筋保护层厚度不足 ························ 20

 1.11 涵洞工程混凝土外表蜂窝、麻面，模板
   接缝处不平顺 ·· 21

 1.12 涵洞工程混凝土养护不规范（出现裂缝） ············ 24

2 路面工程 …… 26

2.1 砂、石料级配不合格，针片状超标，含泥量偏大 …… 26
2.2 水稳碎（砾）石基层质量通病 …… 27
2.3 混凝土路面质量通病 …… 32
2.4 沥青混凝土路面质量通病 …… 39

3 桥梁工程 …… 52

3.1 随意凿除桩头混凝土，桩头凿除不规范 …… 52
3.2 墩身钢筋埋置不均匀，间距超标 …… 54
3.3 墩台身表面蜂窝、孔洞 …… 54
3.4 混凝土过振和漏振，导致外表不美观 …… 56
3.5 预制钢筋混凝土梁板质量通病 …… 59
3.6 施工场地存放钢筋的质量通病 …… 60
3.7 下料后的钢筋长度和成形后的钢筋尺寸不符合施工图设计要求 …… 62
3.8 钢筋焊接质量通病 …… 64

4 隧道工程…………………………………………………… 66
　4.1 开挖及初期支护质量通病………………………………… 66
　4.2 隧道衬砌质量通病………………………………………… 71
　4.3 仰拱施工质量通病………………………………………… 79
　4.4 防水板施工质量通病……………………………………… 80

参考文献……………………………………………………… 81

1

路基工程

1.1 高填、半挖半填路基不均匀沉降（图 1-1）

图 1-1 路基崩塌

（1）高填方路堤的基底所承受的荷载很大，施工前应对基底土的承压强度值进行检查，宜优先采用强度高、水稳性好的材料或轻质材料。受水淹、浸部分应采用水稳性和透水性均好的材料，并要对填料进行检验，确保填料满足规范要求的 CBR 值（California Bearing Ratio，加州承载比）。

（2）填筑时严格按规范要求控制好松铺厚度、含水量、碾压遍数，并选用重型压实机具进行压实，确保分层压实度，杜绝漏压。

（3）当路堤填筑到一定高度时，在规范压实的基础上，全线统一用冲击式压实机重点对高填土路基进行检验性补充压实，并观察压实效果，及时发现压实质量问题，将工程隐患处理在工程前期，同时通过冲击压实进一步提高路基压实度，最大限度地减少工后沉降。

（4）高填路堤每层施工方法、步骤及压实检测方法、频率等与规范要求中一般路基填筑时相同。

（5）半挖半填路基施工前必须认真清理半填断面的原地面，将半填断面原地面翻松 80 cm 并回填碾压密实，压实度不小于 96%；从填方坡脚起向上设置向内倾斜的台阶，台阶宽度不小于 2 m；再从最低处的台阶开始分层填筑，分层压实，石质山坡半挖段应清除原地面松散风化层，按设计开凿台阶，孤石、石笋应清除。

（6）施工期间应严格按设计或合同文件要求同步进行结构沉降和稳定性的跟踪观测，设计和图纸无规定时，一般要求施工期间每 3 天观测 1 次，施工结束后的前 3 个月每周观测 1 次，3 个月后每月观测 1 次，雨季期间加密。观测成果应及时整理，并作为工程验收的资料。

（7）半挖半填段施工时应注意机具功能与填筑厚度的匹配，确保填筑层达到压实标准，初期不具备大型压路机的地段必须配备小型机具碾压和压实，确保压实效果达到规范要求。

（8）陡坡地段的半挖半填路基应在山坡自然坡上挖台阶。高度小于 80 cm 的路堤、半挖半填处 0～30 cm 的低路堤、零填及挖方路床地下水较丰富的地段，须采用合理措施导排水流，并选用水稳性较好的材料进行填筑。

（9）不得在设计边坡内挖台阶处堆积多余的松散弃土，以免弃土受雨水浸湿后重量增加，随坡下滑，导致路堤内的部分边坡被牵引下滑，从而引起路堤顶面开裂。施工过程中要求边挖边运至指定的弃土场堆放。

（10）按照相关规范要求，进行每层的压实度频率检测。

1.2 路基填筑压实质量通病

路基填筑过程中超厚回填、倾斜碾压、填料不符合要求、带水回填均可能造成回填达不到标准要求的密实度。

1.2.1 超厚回填（图 1-2）

路基填方时不按规定的虚铺厚度填筑，碾压后将达不到规定的压实度，从而造成工后沉降量大，引起路基和路面结构沉陷。

图 1-2 超厚回填

产生原因：

（1）没有严格执行技术交底的要求，卸土时没有采用网格布土，卸土过密，受作业段长度限制，推土机进一步整平余土不能就地消化，加上施工人员工作责任心不强，造成层厚超标。

（2）松铺厚度高程控制不严，导致压实厚度超标。

（3）技术交底不清或施工单位自检体系不健全，质量控制措施不到位。

防治措施：

（1）加强技术培训，使施工技术人员和操作人员了解分层压实的意义。

（2）落实二级技术交底制度，尤其要向机械操作手做好技术交底，保证路基填方的松铺厚度不超过有关规定。

（3）严把工序质量控制关，制订相关惩罚机制。

1.2.2 倾斜碾压

路基填筑路段地形存在自然斜坡，没有按照由低到高顺序填筑，填前没有沿纵向开挖台阶，碾轮爬坡碾压。

产生原因：

在填筑段内未将底层整平或没有开挖台阶，碾轮碾压时产生分力损失，压实功不能有效发挥，坡度越大，发挥的压实功就越小。

防治措施：

在路基全幅内，应采用水平分层方法填筑。路基地面的横坡或纵坡坡度大于 1∶5 时应开挖台阶，台阶应分层设置，台阶宽度不小于 2.0 m。

1.2.3 填料超粒径回填（图1-3）

图1-3 填料超粒径

在填土路堤中填料带有大石块、大混凝土块，土石混填或填石路基中的石块超过层厚的2/3，初步稳压以后路堤表面凹凸不平。一方面，大的块状物不利于土颗粒之间相互挤压，达不到整体密实效果；另一方面，块状物支垫碾轮，产生叠砌现象，使块状物周围留下空隙，日后可能发生沉陷。

产生原因：

（1）不了解较大块状物对压实度的影响，装料控制不严，没有把超粒径填料剔除。

（2）对于运到现场的大粒径石料，没有采取解小措施（如人工辅助剔除），不愿多运弃土。

（3）技术交底不明确，施工质量控制不严格。

防治措施：

（1）技术交底时强调在回填土中夹带大的块状物以及填石路基中

石块超过层厚 2/3 的危害，提升操作者安全意识。

（2）施工中严格管理，必要时将填料筛分后再装车，对已经运至现场的大石料要人工辅助取出，将路床 96 区（压实度≥96%）中粒径大于 10 cm 的硬土块打碎或取出。

1.2.4 土中夹带有机物或过湿土（图 1-4）

图 1-4 土中夹带建筑垃圾且已填筑部分积水

填料中含有树根、杂草、有机垃圾等杂物或过湿土。有机物腐烂，会形成土体内的空洞。过湿土含水量过大，达不到要求的压实度，和周围土体产生差异沉降，造成路基不均匀沉陷，使路面结构变形。

产生原因：

（1）路基填土中不能含有有机质，本是基本常识，施工过程中操作者技术素质过低，管理者控制不严。

（2）土源含水量过大，或备土遇雨，造成填土过湿，又不加以处理而直接使用。

防治措施：

（1）在路基填筑前，应清除路基地表和取、弃场地表的腐殖土、草皮等，过湿土及含有有机质的土一律不得使用。

（2）过湿土确定要用的情况下，必须经过晾晒或掺加石灰改良处理后再进行摊铺压实。

1.2.5 带水回填

多发生在积水没有完全排除，或直接在泥水中回填土。带泥水回填的土层含水量处于饱和状态，不可能压实，当地下水位下降，土层含水量降低，将造成填土下陷，危及路基安全。

产生原因：

一般地下水位高于基底，又无降水措施或措施不力，或在填前停止降水，地下水积于基坑内，或因浅层滞水、雨水、其他客水流入基坑内，不经排尽即行回填土。

防治措施：

（1）排除积水，清除淤泥，疏干基底，再进行分层回填夯实。

（2）如有降水措施的基坑，回填夯实完毕后再停止降水。

（3）即使排除积水有困难，也要将淤泥清除干净，再分层回填砂砾、级配碎石等透水性材料，用小型夯实机具夯实。

1.2.6 不按段落分层夯实

产生原因：

（1）路基段落填筑时分界不清，没按照由低到高的顺序填筑；段落接茬时未开挖台阶，层厚不一、分层不明。

（2）分层填筑的接茬未按每层倒退台阶的要求填筑和碾压。

（3）碾轮不到位或边角部位漏压，无法碾压的部位未夯打，造成搭接处碾压不实、路基日后不均匀沉降和路面变形。

防治措施：

按规范要求，分段、水平、分层回填，段落的端头每层倒退台阶长度不小于 2 m。在接下一段时碾轮与上一段碾压过的端头重叠。槽边弯曲不齐的，应将槽边切齐，使碾轮靠边碾压。对于检查井周围或其他构造物附近的边角部位，应采取动力夯实或人力夯实。

1.2.7 路床填料的 CBR 值低

路床填料 CBR 值偏低，将影响路基的整体强度，进而影响路基的刚度，在路基交工验收时弯沉测试通不过，影响路面的施工；若路基没有足够的强度，在行车荷载的作用下会使路基产生一定的变形，使路面变形破坏。

防治措施：

选用优质的路基填料，CBR 值不小于 8、粒径在 10 cm 以内、塑性指数在 12～20 之间的土都适合作为 96 区的填料。项目部应做好土石方的调配工作，储备适合作为 96 区的填料和 CBR 值在 8 以上的取土区。

1.3 路基边坡塌方

路基塌方是常见的路基病害，根据其形成的条件及原因，一般可分为：剥落、碎落、滑坍和崩塌等形式。

1．剥落

剥落是指在湿热的作用下，边坡表土层表面发生涨缩的现象，从而引起零碎薄层从边坡上脱落，如图 1-5 所示。

图 1-5　路基边坡剥落

防治措施：

（1）做好排水措施，不使地表水和地下水浸蚀路基边坡。

（2）加固边坡，如种草、铺草皮等。

（3）对于风化的软质岩层，可采取 TBS 绿化防护，或修建干砌、浆砌片石护面墙。

（4）整修边坡，及时清除可能滑坍的土石方。

2．碎落

碎落是岩石碎块的一种剥落现象，其范围与危害程度较剥落严重，如图 1-6 所示。

图 1-6　路基边坡碎落

产生原因：

路堑边坡较陡（坡度小于 1∶1），岩石破碎和风化严重，在震动及水的浸蚀和冲刷下，块状碎屑沿坡面向下滚动。

防治措施：

与剥落现象防治方法措施相同。

3．滑坡

滑坡是指路基边坡土体或岩石，沿着一定的滑动面向下滑动的现象，如图 1-7 所示。

产生原因：

边坡较高，一般在 10～20 m；填土不密实，缺少应有的支撑与加固；岩层倾向公路路基外，岩层倾角在 50°～70°，岩石风化严重。

防治措施：

（1）做好排水措施，不使地表水和地下水浸蚀路基边坡。

（2）对可能滑坍的土石方，应及时挖除。

（3）在坡脚修建挡土墙，对滑坡体起到支撑作用，一般应修建在边坡以外。

图1-7　路基边坡滑坡

4．崩塌

崩塌是指路基边坡上的土体或岩层在自重作用下坍落下滚的现象，如图1-8所示。

图1-8　路基边坡崩塌

产生原因：

山坡岩层软硬交错，风化程度不同；边坡较陡、较高；边坡下部或坡脚被淘空、挖空，使上部土石失去支撑；大爆破震松了岩层；边坡上部流水浸入，使边坡土体失去平衡。

防治措施：

与剥落现象的防治措施相同。

1.4 三背回填不规范

防治措施：

（1）三背回填填料宜采用透水性材料、轻质材料、无机结合料等，不得使用非透水性材料进行回填，回填前必须做好排水清基和场地清理、压实工作。严禁在软土、泥浆和基坑水未排除的情况下进行三背回填，应严格控制填料的粒径及含水量，不合格的材料坚决清除。

（2）基坑回填必须在隐蔽工程验收合格后进行，结构物回填应分层填筑、分层压实，严禁向坑内倾倒，填筑前可在台身上用油漆标记每层的松铺厚度标志线。三背回填应尽可能采用重型压路机碾压，碾压时应注意压路机与构造物的距离和震动幅度，确保构造物的安全。对于压路机无法碾压的死角或漏压区，可采用小型压实机具进行压实，但必须确保压实度达到要求。每层的松铺厚度不宜超过 150 mm。

（3）台背回填顺路线方向长度，一般规定，自台身背面起顶面长度不小于台高加 2 m，底面长度不小于 2 m；涵洞回填宽度应不小于孔径的 2 倍。与路堤交界处应挖台阶，台阶宽度不小于 1 m。

（4）涵洞回填应在盖板安装或浇筑完成并达到设计强度的75%后方可回填,且两侧对称均匀分层回填压实；桥台背和锥坡的回填施工应同步进行,一次填足并保证压实整修后能达到设计宽度。

（5）结构物处的压实度要求从填方基底或涵底部至路床顶面均为96%,要求点点合格,且检测频率为每50 m² 不少于2点。施工过程中要求认真记录每层填筑的时间,选料情况及压实控制情况等。

（6）回填完成后采用液压强夯机进行补强夯实,具体措施如下：

① 沿锤心距离1.5 m均匀布点,布设范围为超出台背填筑范围一排布点,夯锤边缘距台背最小距离为50 cm。

② 补强区域根据三背及路基结合部位填筑区域确定。

③ 如果出现局部沉降量过大,对于夯点间空隙部位,可以根据实际情况予以3~6锤的补充夯实,以利于工作面的整体找平。

1.5 防护工程混凝土结构裂缝

产生原因：

（1）温差应力引起的伸缩裂缝。

（2）施工工艺不当造成的混凝土裂缝。

（3）混凝土内水分蒸发过快产生干收裂缝。

防治措施：

（1）温差应力引起的伸缩裂缝防治措施。

① 在混凝土初凝过程中水化热过度集中,发生膨胀和伸缩现象而引起均匀规律性裂缝。应在满足混凝土强度要求下取水泥用量下限,不宜使用早强水泥,最好选用高标号矿渣水泥并掺加一级粉煤灰改善混凝土的和易性,提高混凝土的强度,延缓混凝土的水化作用时间。

② 施工温差要严格控制在规范允许范围内,以减小对混凝土的温差收缩量影响。

③ 脱模后对预埋管道灌水以降低温差,减小对混凝土的温差收缩量影响。

(2)施工工艺不当造成的混凝土裂纹防治措施。

① 严格控制材料含泥量和配合比,减小因混凝土黏结性差而形成收缩裂缝。

② 严格控制张拉工艺,严禁未达到设计强度张拉、张拉次序不对或超张拉,避免锚具周围混凝土压裂、压脆。

③ 重视基础夯实与检测工作,避免地基下沉引起裂缝。

④ 加强混凝土养生管理,采用土工养生布浇水养生,避免养生不及时出现干缩裂缝。

(3)混凝土内水分蒸发过快造成的混凝土裂纹预防处理措施。

避免在干热天气、高温及大风季节施工,以防止表面水分蒸发过快产生干收裂缝。

1.6 防护工程混凝土外表蜂窝、麻面,模板接缝处不平顺

产生原因:

(1)混凝土施工配合比现场调整不当,或砂、石、水泥材料计量错误,或加水量不准,造成砂浆少石子多;碎石、河砂级配差,不便于水泥砂浆充分包裹,形成蜂窝。

(2)混凝土搅拌时间短,没有拌和均匀,和易性差,振捣不密实。

（3）混凝土浇筑操作不规范，下料不当，混凝土自由倾落高度超过 2 m 时，未采用串筒或溜槽，造成混凝土离析，局部石子集中，水泥浆缺失；混凝土一次下料过多，未严格分段分层浇筑，振捣不实或因漏振而形成蜂窝。

（4）模板孔隙未堵好，或模板支设不牢固，振捣混凝土时模板发生移位，造成严重漏浆或墙体烂根，形成蜂窝；模板加固不牢靠，地基不牢，支撑不够，在混凝土自重作用下模板变形，混凝土跑模。

（5）模板表面粗糙或未清理干净，粘有干硬水泥砂浆等杂物，拆模时混凝土表面出现麻面；钢模板脱模剂涂刷不均匀或局部漏刷，拆模时混凝土表面黏结模板，形成麻面。

（6）模板接缝拼装不严密，浇筑混凝土时缝隙漏浆，混凝土表面沿模板缝位置出现麻面；模板接缝不平整或不密贴，造成混凝土接缝错台、大小不一或漏浆；

（7）模板周转次数过多，表面变形严重、平整度较差。

防治措施：

（1）严格控制混凝土配合比设计，按有关技术规范进行计算和试验，并在施工过程中勤加检查。

（2）合理选用水泥强度等级，水泥强度等级与混凝土设计强度等级之比控制在 1.3~2.0。特殊情况下，可采取在混凝土拌合物中掺加混合材料（如磨细粉煤灰等）或外加剂等措施，以改善混凝土和易性，增加混凝土密实度和光洁度。

（3）严格控制混凝土施工配合比。搅拌混凝土时，应根据河砂的含水率来调整加水量，以保持混凝土的良好和易性，减少水泡、气孔的形成。定期对电子秤进行校核，以确保计量准确。

（4）严格控制混凝土坍落度，在拌制地点及浇筑地点按规定检查混凝土坍落度。混凝土浇筑时的坍落度按规范执行，尽量缩短混凝土拌合物的停放时间，减少坍落度损失。

（5）严格控制钢模清洁。每次装模前，用小砂轮对钢模除锈，除锈完毕用抹布擦净并及时涂脱模剂，保持钢模内面无任何杂物、污点。

（6）钢模板脱模剂要涂刷均匀，不得漏刷。

（7）确保模板加固牢靠。模板拼装严密，接缝控制在 2 mm 左右，并采用玻璃胶涂密实、刷平整，以防出现漏浆、蜂窝、麻面或线条不明现象。

（8）施工过程中注意保持模板内表面干净。当施工人员踩脏模板或混凝土浆溅到模板等弄脏模板，在浇筑完一层混凝土时，必须及时用棉纱布把上节模板上的污点擦干净，以避免混凝土外观上出现深色的斑点。

（9）浇筑混凝土时，应经常观察模板、支架、堵缝等情况。如出现模板松动，应立即停止浇筑，并在混凝土初凝前修整完好。

（10）在使用前，要检查模板变形情况，禁止使用弯曲、凹凸不平或缺棱少角等变形模板。

（11）开始浇筑混凝土时，底部应先填筑 50~100 mm 与浇筑混凝土成分相同的水泥砂浆。砂浆应用铁锹入模，不得用料斗直接灌入模内。混凝土坍落度应严格控制，底层振捣应认真操作，防止底层混凝土胶结不良。

（12）浇筑混凝土前，应检查钢筋位置和保护层厚度是否准确，是否按要求布置垫块；操作时，不得踩踏钢筋，如钢筋有踩弯或脱扣现象，应及时调直，补扣绑好，以免露筋。

（13）混凝土自由倾落高度超过 2 m 时，要用串筒或溜槽等下料，避免混凝土离析。

（14）控制振捣间距，插入式振捣器不应大于其作用半径的 0.5 倍。控制混凝土的浇筑层厚度在振捣器作用部分长度的 1.25 倍左右，振捣新的一层，均应插进先浇筑混凝土 5~10 cm，力求上下层紧密结合。

（15）控制振捣时间，做到不欠振、不过振。设专职振捣队，便于经验积累。合适的振捣时间可由下列现象判断：混凝土不再显著下沉，不再出现气泡，混凝土表面出浆呈水平状态，并将模板边角填满充实。

（16）注意振捣方法，垂直振捣时，振动棒与混凝土表面垂直；斜向振捣时，振动棒与混凝土表面呈 40°~45°；棒体插入混凝土的深度不应超过棒长的 2/3~3/4；振捣棒要及时上下抽动，分层均匀振捣密实，振捣完成后，缓慢拔出振动棒，使混凝土填满振动棒所造成的空洞。

（17）控制振捣程序，先周围后中间，并注意混凝土摊铺时四周高中间低，以便把气泡往中间赶出，避免聚集在模板处。

（18）振捣时，振动棒不要碰撞钢筋、模板、预埋件等，在钢筋密集情况下，可采用带刀片的振捣棒进行振捣。

（19）注意保护层砂浆垫块处的混凝土振捣，务必使水泥砂浆充分包裹；或采取振捣一小段先取下一小段垫块的方法。这样，可以有效避免垫块处表面产生明斑或暗斑。

（20）拆模时间要根据试块试验结果正确掌握，防止过早拆模，使混凝土与模板黏结，造成麻面、蜂窝或缺棱少角。

（21）拆除钢筋混凝土结构侧面非承重模板时，混凝土应具有足够的强度，表面及棱角才不会受到损坏。

（22）拆模时使用机械配合人工进行，注意保护棱角，不能用力过猛，吊运时，严禁模板碰撞棱角。

1.7 挡墙沉降缝不垂直整齐、泄水孔数量不足或堵塞

（1）挡墙应按设计要求设置沉降缝，如设计无要求时，可每隔10~15 m设置，如基底土质有变化时应在变化处增加沉降缝。

（2）挡墙沉降缝位置处施工时要使用2 m厚的样板或平整板进行隔离，施工完毕后拆除并按设计要求进行沉降缝处理，沉降缝处要用吊线垂进行吊线，确保上下垂直整齐。

（3）在挡墙施工过程中，严格按照设计图纸的要求进行泄水孔布置，并确保排水畅通，第一排泄水孔应高于边沟底0.3 m设置，浸水挡墙应用砂砾回填，最低一排泄水孔应高出常水位0.3 m；施工过程中逐一检查。

（4）设置泄水孔时，要采用比设计规格型号尺寸略大一点的预埋管进行预埋，施工时不得随意敲打和挤压预埋管，并应当设有4%左右的向外倒坡，确保流水坡面。泄水孔后面要铺一层黏土进行封层，黏土上面铺设砂砾，并在孔口处用土工布包裹进行过滤。

1.8 边沟、排水沟质量通病

路基排水施工中，经常因管理不善，造成排水沟沟底纵坡不顺、断面尺寸不准、排水出路堵塞等质量通病。

1. 排水沟沟底纵坡不顺

断面大小不一，沟底高低不平，甚至反坡，局部积水，局部断面过

小，排水不畅。边沟积水，将渗入路基，降低路基土的强度和稳定性。

产生原因：

未按设计纵坡和断面开挖修整边沟。忽视对附属工序的质量检验。

防治措施：

要严格按照设计要求进行断面和纵断面开挖修整，认真做好工序质量检验。

2．路基排水无出路

边沟尾端排水无出路，边沟变成渗水沟。边沟大量积水浸入路基，降低路基土的强度和稳定性，减少道路的使用寿命。

产生原因：

工程设计单位调查工作不细致全面，排水沟没有根据周围地形及现有水系统筹设计，未解决排水出路问题。审核图纸时不细致全面，对设计忽略的问题未提出补充意见。因路基填筑施工，地形发生变化，未及时汇报和调整方案。

防治措施：

认真学习施工图，加强图纸会审，对排水出路不明确或施工时地形发生变化的情况，要提出补充设计。除解决好路基边沟排水设施外，还要做好边沟尾端、排水沟与原有水系的整合工作。

1.9 涵洞工程钢筋定位不准确、间距不符合设计及规范要求

产生原因：

（1）施工人员质量意识差，责任心不强。

（2）质保体系不健全，未严格进行自检。

（3）钢筋尺寸不符合规范要求。

（4）保护层垫块偏少或偏薄。

防治措施：

（1）提高施工人员质量意识，加强工作责任心。

（2）健全质保体系，严格进行自检。

（3）钢筋制作规范，盘圆钢筋应调直后使用。

（4）先准确放样，后安装钢筋。

（5）安装数量足够、质量合格的保护层垫块。

1.10 涵洞工程钢筋保护层厚度不足

产生原因：

（1）疏于管理，浇筑前没有严格检查保护层垫块稳定情况。

（2）施工过程中安装钢筋受挤压、碰撞，导致安装钢筋位移。

（3）钢筋制作、安装不规范，局部钢筋外凸。

防治措施：

（1）浇筑前严格检查混凝土各面垫块数量和稳定情况，确保保护层符合设计要求。

（2）钢筋安装就位后，严禁施工人员直接在上面走动，在浇筑过程中应均匀布料，严禁集中倾倒砸压钢筋，避免安装钢筋位移。

（3）钢筋制作、安装规范，几何尺寸与设计图纸相符。

（4）混凝土浇筑前和浇筑中派专人进行巡视，防止施工不当造成混凝土保护层厚度不足或出现露筋现象。

1.11 涵洞工程混凝土外表蜂窝、麻面，模板接缝处不平顺（图 1-9）

图 1-9 混凝土外表蜂窝、麻面

产生原因：

（1）混凝土配合比不准确，或砂、石、水泥材料计量错误，或加水量不准，造成砂浆少石子多；粗细集料级配差，局部水泥砂浆未能将石子充分包裹，形成蜂窝。

（2）混凝土搅拌时间短，拌和均匀性较差，导致混凝土和易性差。

（3）混凝土浇筑操作不规范，下料不当，使石子集中，振不出水泥浆，造成混凝土离析。

（4）模板表面粗糙或未清理干净，粘有干硬水泥砂浆等杂物，拆模时混凝土表面出现麻面；钢模板脱模剂涂刷不均匀或局部漏刷，拆模时混凝土表面黏结模板，形成麻面。

（5）模板孔隙未堵好，或模板支设不牢固，振捣混凝土时模板发生移位，造成严重漏浆或墙体烂根，形成蜂窝。

（6）模板接缝拼装不严密，浇筑混凝土时缝隙漏浆，混凝土表面沿模板缝位置出现麻面；模板接缝局部不平整或不密贴，造成混凝土接缝错台、大小不一或漏浆。

防治措施：

（1）严格控制混凝土配合比设计，按有关技术规范进行计算和试验，并在施工过程中勤加检查。

（2）合理选用水泥强度等级，水泥强度等级与混凝土设计强度等级之比控制在 1.3~2.0。特殊情况下，可采取在混凝土拌合物中掺加混合材料（如磨细粉煤灰等）或外加剂等措施，以改善混凝土和易性，增加混凝土密实度和光洁度。

（3）严格控制混凝土施工配合比。搅拌混凝土时，应根据河砂的含水率来调整加水量，以保持混凝土的良好和易性，减少水泡、气孔的形成。定期对电子秤进行校核，以确保计量准确。

（4）严格控制混凝土坍落度，在拌制地点及浇筑地点按规定检查混凝土坍落度。混凝土浇筑时的坍落度按规范执行，尽量缩短混凝土拌合物的停放时间，减少坍落度损失。

（5）严格控制钢模清洁。每次装模前，用小砂轮对钢模除锈，除锈完毕用抹布擦净并及时涂脱模剂，保持钢模内面无任何杂物、污点。

（6）钢模板脱模剂要涂刷均匀，不得漏刷。

（7）确保模板加固牢靠。模板拼装严密，接缝控制在 2 mm 左右，并采用玻璃胶涂密实、刷平整，以防出现漏浆、蜂窝、麻面或线条不明现象。

（8）施工过程中注意保持模板内表面干净。当施工人员踩脏模板或混凝土浆溅到模板等弄脏模板，在浇筑完一层混凝土时，必须及时用棉纱布把上节模板上的污点擦干净，以避免混凝土外观上出现深色的斑点。

（9）浇筑混凝土时，应经常观察模板、支架、堵缝等情况。如出现模板松动，应立即停止浇筑，并在混凝土初凝前修整完好。

（10）在使用前，要检查模板变形情况，禁止使用弯曲、凹凸不平或缺棱少角等变形模板。

（11）开始浇筑混凝土时，底部应先填筑 50~100 mm 与浇筑混凝土成分相同的水泥砂浆。砂浆应用铁锹入模，不得用料斗直接灌入模内。混凝土坍落度应严格控制，底层振捣应认真操作，防止底层混凝土胶结不良。

（12）浇筑混凝土前，应检查钢筋位置和保护层厚度是否准确，是否按要求布置垫块；操作时，不得踩踏钢筋，如钢筋有踩弯或脱扣现象，应及时调直，补扣绑好，以免露筋。

（13）混凝土自由倾落高度超过 2 m 时，要用串筒或溜槽等下料，避免混凝土离析。

（14）控制振捣间距，插入式振捣器不应大于其作用半径的 0.5 倍。控制混凝土的浇筑层厚度在振捣器作用部分长度的 1.25 倍左右，振捣新的一层，均应插进先浇筑混凝土 5~10 cm，力求上下层紧密结合。

（15）控制振捣时间，做到不欠振、不过振。设专职振捣队，便于经验积累。合适的振捣时间可由下列现象判断：混凝土不再显著下沉，不再出现气泡，混凝土表面出浆呈水平状态，并将模板边角填满充实。

（16）注意振捣方法，垂直振捣时，振动棒与混凝土表面垂直；斜向振捣时，振动棒与混凝土表面呈40°~45°；棒体插入混凝土的深度不应超过棒长的2/3~3/4；振捣棒要及时上下抽动，分层均匀振捣密实，振捣完成后，缓慢拔出振动棒，使混凝土填满振动棒所造成的空洞。

（17）控制振捣程序，先周围后中间，并注意混凝土摊铺时四周高中间低，以便把气泡往中间赶出，避免聚集在模板处。

（18）振捣时，振动棒不要碰撞钢筋、模板、预埋件等，在钢筋密集情况下，可采用带刀片的振捣棒进行振捣。

（19）注意保护层砂浆垫块处的混凝土振捣，务必使水泥砂浆充分包裹；或采取振捣一小段先取下一小段垫块的方法。这样，可以有效避免垫块处表面产生明斑或暗斑。

（20）拆模时间要根据试块试验结果正确掌握，防止过早拆模，使混凝土与模板黏结，造成麻面、蜂窝或缺棱少角。

（21）拆除钢筋混凝土结构侧面非承重模板时，混凝土应具有足够的强度，表面及棱角才不会受到损坏。

（22）拆模时使用机械配合人工进行，注意保护棱角，不能用力过猛，吊运时，严禁模板碰撞棱角。

1.12 涵洞工程混凝土养护不规范（出现裂缝）

产生原因：

（1）覆盖物容易被掀起，不能使混凝土保持潮湿状态，日光照射后混凝土会产生裂缝。

（2）混凝土养护时间不够，导致混凝土表面产生收缩裂缝。

（3）养生方法错误，如等混凝土脱模之后才开始洒水养护。

（4）混凝土养护不及时或者养生时间不足是产生混凝土病害的主要原因之一。

（5）采用遇水褪色的毛毡或者草帘进行养生，导致混凝土表面受到污染，影响外观质量。

防治措施：

（1）养生时采用土工布覆盖，使用蒸汽机进行温度与湿度调节，可避免因混凝土散热和日光照射混凝土形成"温室效应"而引发裂缝。

（2）混凝土浇筑完成，达到初凝后即用湿麻袋或者毛毡覆盖，防止覆盖物被掀起，终凝后立即洒水养护。

（3）养生洒水频率应保证混凝土经常处于湿润状态，且需连续养生 7 d。混凝土养生期内，混凝土里外均保持潮湿状态，以满足混凝土凝结过程中水化作用的需要和降低水化热，减少裂缝的产生。严禁采用混凝土脱模之后才开始洒水养护的错误养生方法，养生时间不足将导致混凝土强度降低。

（4）严禁采用遇水腐烂、褪色的毛毡或者草帘，避免因此影响混凝土外观质量。

（5）应有专人负责混凝土养生，并且对工人进行养生方法和养生时间的技术交底和教育，防止因养生不当造成混凝土损坏。

2 路面工程

2.1 砂、石料级配不合格，针片状超标，含泥量偏大

产生原因：

随着高速公路建设的快速发展，在施工现场附近出现大量的中小型砂、石料场。这些砂、石料场生产设备简陋，生产工艺简单。施工承包队伍从成本利益出发，在选择工程原材料料场时会偏向于中小型砂、石料场，从而导致工程进场的砂含泥量偏大，集料级配不合理，软石含量多，压碎值大，针片状含量超标等。

防治措施：

控制原材料的质量应从源头抓起，进场前首先对砂、石料场进行全面考察。了解料场的基本情况，对于表层植被土厚而未清理干净的料场，坚决不使用。生产加工的筛网要进行定期的检查，及时更换筛网以防止生产成品材料的粒径偏大，级配不合理。加强施工过程质量控制，严把进料关，严禁级配不合理、粒径偏大、针片状石含量和含泥量超标的不合格材料进场。对现场堆放材料的场地进行硬化处理，不同品种、粒径、规格的材料要分类存放，防止二次污染，并随时抽样检查。

2.2 水稳碎（砾）石基层质量通病

2.2.1 水稳裂缝、裂纹（图2-1）

图2-1 沥青面层横向裂缝

产生原因：

（1）配合比设计中水泥用量偏高。在以往的工程项目中，设计强度取值较高，造成水泥用量较大，从而造成基层整体刚度增强，引起温度收缩和干缩裂缝。

（2）细集料用量偏高。为了施工便利，提高平整度，人为提高细集料用量，容易产生干缩裂缝。

（3）拌和用水量变化较大。没有对拌和机的用水量控制引起足够的重视，在拌和过程中随意改变水泵的工作参数，混合料中含水量变化较大，使得混合料的干湿程度不均匀，引起干缩裂缝。

（4）养生不到位。对养生工作的重视程度不够，投入较少、洒水和覆盖措施不到位，使混合料在干湿交替过程中产生温度裂缝。

防治措施：

（1）在相关规范规定范围内适当降低水泥用量，合理降低设计强度，减少裂缝。如以往工程中设计强度取值为 5 MPa 左右，根据现行规范要求，配合比设计强度取值宜为 4.0～4.5 MPa。

（2）在配合比设计时，对集料级配进行调整，在规范规定范围内尽量减少细集料用量，形成骨架密实型结构，具体做法如下：

① 降低 4.75 mm 筛孔通过率，粗集料比例增加，可形成骨架密实结构，一般控制在 35% 以下。

② 提高 19 mm 筛孔通过率，粗集料比例增多，可减少离析，一般为 80% 左右。

2.2.2　平整度差

产生原因：

（1）原底基层或土基平整度差。下承层平整度差会引起摊铺厚度变化较大，经过压路机压实后其表面平整度较差。

（2）拌和中随意改变配合比参数，导致混合料级配变化较大。混合料级配变化较大，致使混合料中集料、水泥和含水量分布不均，使水泥稳定碎石基层收缩不均匀，影响平整度。

（3）摊铺过程中运输车辆倒车时碰撞摊铺机，摊铺机不能保证匀速、不间断的摊铺，甚至出现停机现象。自卸车碰撞摊铺机是摊铺施工的大忌，它会使摊铺层形成"陡坎"，造成平整度的差异；摊铺速度忽快忽慢，会引起摊铺机熨平板的夯实程度变化较大，表面形成"波浪"；长时间的停机会使摊铺机熨平板下沉，形成凹陷。

（4）摊铺过程中不良的收斗习惯（如频繁收斗）造成粗骨料相对集中，形成"窝料"，导致平整度差、强度降低。

（5）碾压过程中压路机在碾压层上随意"调头"和急刹车，其车轮会造成混合料表面挤压变形。

（6）接缝处理未引起足够重视，造成接头处平整度严重超标。

（7）施工管理存在漏洞，未设专人对施工过程中出现的操作缺陷及时处理。

防治措施：

（1）严格执行施工报验程序，在施工前对下承层或土基进行验收，对平整度和高程指标重点检测，对不合格处应及时处理。

（2）认真做好技术交底工作，要针对拌和、运输、摊铺、压实、养生及交通管制各个环节中易出现的不规范行为进行交底，务必对每个班组、每个施工人员做好交底工作。

（3）认真做好拌和站的标定工作，对试验路确定的各项拌和参数要认真执行，严禁随意调整拌和参数。项目质检人员要对施工全过程进行监督，对不规范行为及时纠正。施工单位应设专人处理缺陷问题。

2.2.3 厚度不均匀

产生原因：

（1）原底基层或土基平整度差，局部产生变形。摊铺机是根据基准钢丝绳的高程进行摊铺的，下承层高低不平导致摊铺层厚薄不一，进而造成压实厚度变化较大。

（2）摊铺过程中对摊铺厚度检测不到位。在摊铺过程中，摊铺机利用电脑传感器测量基准钢丝绳来控制摊铺厚度，由于下承层的变化或其他原因会引起摊铺厚度的变化。

（3）摊铺基准线测量偏差较大或摊铺基准线保护不力，造成破坏。基准线是摊铺机工作的依据,基准线的偏差会造成摊铺参数出现较大的变化,从而引起摊铺厚度发生较大变化。

(4)摊铺过程中频繁调整电脑传感器。一般来说,对电脑传感器的调整,摊铺机有10~15 m摊铺距离的反应间隔时间,频繁调整电脑传感器,并不能达到预期的调整目标。

防治措施:

(1)严格执行施工报验程序,在施工前对下承层或土基进行验收,对平整度和高程指标重点检测,对不合格处和严重变形处应及时处理。

(2)摊铺过程中加强对摊铺厚度的检测,保证检测频率和检测精度。

(3)测量放线组设专人对摊铺基准线进行保护,发现破坏应及时恢复。

(4)合理减少电脑传感器的调整次数。

2.2.4　表面松散(图2-2)

图2-2　路面表面松散

产生原因：

（1）混合料含水量变化过大。含水量过大，压实时形成"弹簧"，导致强度降低；含水量过小，无法压实，也会导致强度降低，致使通车后路面表面松散。

（2）混合料离析。混合料离析会导致混合料无法压实，致使通车后路面表面松散。

（3）压实遍数不够、碾压速度过快或有"漏压"现象。压实遍数不够、碾压速度过快、漏压均会造成压实度不足、强度过低，致使通车后路面表面松散。

（4）养生不到位，洒水不及时。洒水不及时，特别是在养生期前期，会造成混凝土强度不足，通车后引起路面表面松散；同时干湿交替的养生环境会产生干缩裂缝，造成病害。

（5）交通管制不力，在养生期前期，出现车辆通行的现象。在养生期前期，基层强度还未形成，车辆通行对其产生的破坏程度非常大，会导致强度明显下降，致使通车后路面表面松散。

防治措施：

（1）严格控制拌和质量，拌和前应提前检测各种集料的含水量（特别是雨后施工时），由试验室出具拌和配合比通知单，拌和站严格按通知单施工。

（2）设专人对摊铺离析处及时翻拌或换料处理，然后方能进行碾压工作。

（3）安排质检人员对压实工序全过程进行监督，重点控制压实遍数和碾压速度，杜绝"漏压"现象。

（4）碾压结束后及时进行压实度检测，如压实度不足要及时分析原因，进行补压处理。

（5）加强养生工作，尽量采用覆盖养生，并经常洒水，保证表面湿润不干燥。

（6）加强交通管制工作，对养生路段实行封闭管理，设置标示牌、路障，安排专人进行巡查，严防车辆进入养生路段。

2.3 混凝土路面质量通病

2.3.1 胀缝处破损、拱胀、错台、填缝料失落

产生原因：

（1）胀缝板歪斜，与上部填缝不在一个垂直面内，通车后即产生裂缝，引起破坏或胀缝板长度不够。

（2）胀缝填料脱落，缝内落入坚硬杂物，热胀时混凝土板产生集中压应力，引起挤碎。胀缝填缝料材质不良或填灌工艺不当，在板的胀缩和车辆行驶振动作用下，挤出、被带走而脱落、散失。

（3）胀缝下部接缝板与上部缝隙未对齐，或胀缝不垂直，使缝旁两板在伸胀挤压过程中上下错动形成错台。

（4）由于水的渗入使板的基层软化；或传力杆放置不合理，降低传力效果；或基层承载力在横向各幅分布不均，造成各幅路面运营中沉降量不一致；或路基填方土质不均，地下水位高、碾压不密实等造成混凝土板错台现象。

防治措施：

（1）在两胀缝间作一浇筑段，在胀缝板外加模板，以控制缝板到底、到边，使胀缝板中的混凝土不能连接。

（2）选择耐热耐寒性能好，不易脱落的材料。

（3）做好清缝工作，对缝内遗留的石子、灰浆、尘土等杂物仔细剔除，然后刷洗干净，使胀缝全部贯通，能看见下部缝板，使混凝土板侧面无连浆现象。清缝过程中确保将缝修成等宽、等深、直顺贯通的状况，清缝后用高压气流吹净胀缝并晾干。

（4）要求并监督施工单位开展技术交底工作，确保胀缝板的平面位置及立面位置准确无误。

（5）将施工缝置于胀缝外，在胀缝板外加模板，以控制缝板位置正确。

（6）加强胀缝填料选择和灌缝工艺控制，减少地表水的渗入。加强基层的施工质量控制，提高基层的板体性、密实性和均匀性。安装胀缝传力时确保平行于板面和中心线，如浇筑混凝土过程中被碰撞移位则随时调整，活动端的套筒需确保其伸缩有效。加强路基土方施工质量控制，保证土方密实均匀。

2.3.2 混凝土裂缝

产生原因：

（1）养生不达标，表层风干收缩造成浅表层产生裂纹。

（2）切缝时间过迟，造成板块横向收缩裂缝。角隅处混凝土施工不规范，钢筋布置不规范产生裂缝。

（3）施工中两车料相接处，未特别注意，振捣不密实，蜂窝较多，形成一个强度薄弱的横断面。

（4）检查井、雨水口未设周边防裂钢筋圈；或虽设防裂钢筋圈，但钢筋圈施工不规范；或检查井、雨水口周边混凝土振捣不密实，造成井周裂缝。

防治措施：

（1）混凝土板成活后，按规范规定时间及时覆盖养生，养生期间保持湿润，不允许暴晒和风干，养生时间原则上不少于14天。

（2）控制好混凝土切缝时间；当混凝土达到设计强度的25%～30%时（一般不超过24 h）开始切缝，从观感上以切缝锯片两侧边不出现超过5 mm毛碴为宜。

（3）保证角隅钢筋按规范施工，控制好其保护层厚度。混凝土振捣时注意那些易产生不密实的部位。

（4）因钢筋圈为双层，在搬运过程中易变形，采用点焊固定。发生变形时，在钢筋安装前，先进行必要的调整，调整到位后方予安装。

（5）钢筋保护层厚度控制：先摊铺一层6 cm厚混凝土，初振振平后安装钢筋圈，然后继续浇筑混凝土。加强检查井、雨水口周边混凝土的振捣，保证混凝土密实。

2.3.3 纵横缝不直顺

产生原因：

（1）模板固定不牢固，混凝土浇筑过程中跑模，或模板直顺度控制不严。

（2）混凝土成活过程中，砂浆毛刺互相搭接，影响直顺度。

（3）胀缝板移动、倾斜，造成不直顺。

（4）切缝操作不细致、要求不严，造成弯曲。

防治措施：

（1）选择使用无明显变形的钢模，如钢模有变形则事先调整好。

（2）模板安装时，保证板块与板块之间联结紧密，整体性好，模板牢固地固定在基层上，使其具有抵抗混凝土侧压力和施工干扰的足够强度。

（3）模板安装前用经纬仪对模板轴线位置放样，确保有效后方予安装。

（4）混凝土浇筑过程中随时检查，如有变位及时调整。

（5）混凝土成活过程中，对板缝边缘用"L"形抹子抹直、压实。

（6）保证胀缝板位置正确，采用胀缝外加模板，以固定胀缝不致移动。

（7）安装胀缝板模板时，采用经纬仪量测或拉线法控制胀缝板在横断面处于同一条直线上。

（8）切缝前在路面上弹好直线，沿直线仔细操作，严防歪斜。路面弹线时，同一横断面上的缩缝线弹成同一条直线。

2.3.4 相邻板间高差过大

产生原因：

（1）模板高程控制不严，在摊铺、振捣过程中，模板浮起或下降；或者混凝土板面高程未用顶高控制，造成混凝土板顶高偏差。

（2）在已完成的仓间浇筑时，未考虑相邻板间的高度，造成相邻板间存在一定高差。

（3）相邻两板下的路基一侧不密实，通车后造成一侧沉降。

防治措施：

（1）按规范要求用模板顶高控制混凝土板面高程。

（2）混凝土摊铺振捣过程中随时检查模板高程的变化，发现问题及时调整。

（3）支模后加强其高程的检查复测，发现问题及时处理。

（4）仓间浇筑时，注意与相邻板间高度的协调性，使其保持一致。

（5）控制好土基、基层的密实度、强度、使其保持均匀一致。

2.3.5 混凝土路面厚度不足或超厚

产生原因：

（1）基层顶面高程不准或基层平整度差，影响混凝土面板厚度。

（2）模板顶面高控制不准，造成路面板厚度不足或超厚。

防治措施：

（1）强调基层顶面标高、平整度控制的重要性，加强过程监控。保证其指标符合要求。

（2）加强模板安装过程的监控，保证模板顶面标高的准确性。

2.3.6 井框与路面高差大

产生原因：

（1）路面混凝土浇筑前，未严格控制井框高程和坡度。

（2）混凝土浇筑过程中未严格按模板顶高控制混凝土板面高程，或模板变位未及时调整。

（3）检查井盖框意外碰撞，使其高程、坡度产生误差，之后又未及时调整。

（4）井盖框安装不稳固，混凝土浇筑过程中下沉。

防治措施：

（1）模板安装后，混凝土浇筑前，以模板高程为基准拉线控制井框高程与坡度。

（2）强调以模板顶高控制混凝土板面高程，加强过程监控，发现问题及时处理。

（3）强调井盖框安装稳固的重要性，当井盖框被撞时及时予以调整。

2.3.7 路面起砂、脱皮、露骨或有孔洞

产生原因：

（1）混凝土板面养护洒水过早或在浇筑中、刚成活后遇雨，还未终凝的表层受过量水分浸泡，水泥浆被稀释，不能硬化，变成松散状态，水泥浆失效，析出砂粒，开放交通后经磨耗，便露出骨料。

（2）振捣后混凝土板厚度不够，拌砂浆找平，造成路面水灰比不均匀，出现网状裂缝，在车轮反复作用下，出现脱皮、露骨、麻面等现象。

（3）混凝土材料中夹有木屑、纸、泥块和树叶等杂物，造成板面出现孔洞或死坑。

防治措施：

（1）混凝土开始养护时间，视气温情况而定，必须在混凝土终凝后方予覆盖洒水养护。

（2）雨季施工时，采取防雨措施，事先准备足够数量的防雨布和防雨棚，随时注意天气预报，雨天严禁施工，浇筑过程中遇雨及时架好防雨棚，对修面压纹完成的部分及时盖好防雨布。

（3）振捣后混凝土板厚度不够，用原混凝土找补，同时进行适量振捣，严禁拌砂浆找平或推擀法找平。

（4）加强原材料的验收及堆场的巡查，砂石进料时，如含有大量

杂物或泥块含量超标，执行退货制度，在进料、储存和混凝土摊铺过程中发现混有少量纸屑、果皮等杂物应及时清除。

2.3.8 板面平整度差

产生原因：

振捣工艺粗糙，局部未振实，找平后产生不均匀沉降；或虽振实，但找平时，低洼处填补砂浆过厚，硬化收缩大，比骨料多的部位低。或因混凝土离析成活硬化后，骨料多和骨料少的部位产生不均匀收缩。混凝土板在刚刚成活后，尚未达到终凝，即直接覆盖草帘、草袋或踩踏；或在养护初期放置重物，在混凝土板面上压出印痕。

防治措施：

（1）摊铺后用插入式振捣器沿边角顺序先行振捣，再用平板振捣器全面、纵横振捣，每次重叠 10~20 cm，然后用振动梁振捣，最后用滚筒整平板面，对低洼处的填补采用带细骨料的混凝土，严禁用纯砂浆找补。

（2）采用混凝土搅拌运输车运输混凝土，防止混凝土离析。

（3）混凝土板成活后，未结硬前，暂不急于覆盖，当用手指轻压不现痕迹时，方可覆盖并洒水养生。加强混凝土成品防护意识，派专人巡视，防止人员或车辆在混凝土凝结初期上路，只有当混凝土强度达到 40% 后方可上脚踩踏、放置轻物。

2.3.9 路面标高横坡差

产生原因：

（1）测量仪器精度差或水准点本身变形，导致路面高程失控。

（2）标高计算或放样错误。

（3）模板安装标高未控制或控制不严。

防治措施：

（1）加强测量仪器的计量检定，严禁使用失效的仪器，当对测量仪器的精度有怀疑时，重新检定。

（2）原则上每月复核水准高程一次，当对水准点标高产生怀疑时，增加复核频次。

（3）建立测量校核和计算校核制度，防止出现人为误差。

（4）根据测放点标高，采用挂线法控制高程。模板安装后复核其标高，不符合要求处进行整改，直至符合要求。

2.4 沥青混凝土路面质量通病

2.4.1 路面面层离析

产生原因：

（1）混合料集料公称最大粒径与铺面厚度之间比例不匹配。

（2）沥青混合料质量不佳。

（3）混合料拌和不均匀，运输中发生离析。

（4）摊铺机工作状况不佳，未采用2台摊铺机。

防治措施：

（1）适当选择集料公称最大粒径小一级的沥青混合料，以与铺面厚度相适应。

（2）适当调整生产配合比矿料级配，使较粗集料接近级配范围上限，较细集料接近级配范围下限。

（3）运料、装料时应至少分 3 次装料，避免形成一个锥体使粗集料滚落锥底。

（4）摊铺机调整到最佳状态，熨平板前料门开度应与集料最大粒径相适应，螺旋布料器上混合料的高度应基本一致，料面应高出螺旋布料器 2/3 以上。

2.4.2 沥青面层压实度不合格

产生原因：

（1）沥青混合料级配差。

（2）沥青混合料碾压温度不符合规范要求。

（3）压路机质量小，压实遍数不够。

（4）压路机未走到边缘。

（5）标准密度不准。

防治措施：

（1）确保沥青混合料的级配良好。

（2）做好保温措施，确保沥青混合料碾压温度不低于规定要求。

（3）选用质量符合要求的压路机压实，压实遍数符合规定。

（4）当采用埋置式路缘石时，路缘石应在沥青面层施工前安装完毕，压路机应从外侧向中心碾压，且紧靠路缘石碾压；当采用铺筑式路缘石时，可用耙子将边缘的混合料稍稍耙高，然后将压路机的外侧轮伸出边缘 10 cm 左右碾压，也可在边缘先空出宽 30～40 cm 的空隙，待压完第一遍后，将压路机大部分重量位于压实过的混合料面上再压边缘，减少边缘向外推移。

（5）严格进行马歇尔试验，保证马歇尔标准密度的准确性。

2.4.3 沥青面层压实度不均匀

产生原因：

（1）装卸、摊铺过程中所导致的沥青混合料离析，局部混合料温度过低。

（2）碾压混乱，压路机台套不够，导致局部漏压。

（3）碾压温度不均匀。

防治措施：

（1）运料车在装料过程中应前后移动，运输过程中应覆盖保温。

（2）调整好摊铺机送料的高度，使布料器内混合料饱满齐平。

（3）合理组织压路机，确保压轮重叠和压实遍数达标。

2.4.4 枯料

产生原因：

（1）砂及矿料含水量过高，致使细料烘干时，粗料温度过高。

（2）集料孔隙较多。

防治措施：

（1）细集料及矿粉的存放应采取覆盖措施，确保细集料烘干前含水量小于 7%。

（2）混合料出厂温度超过规定时，应废弃。

（3）对孔隙较大的粗集料，应适当延长加热时间，使孔隙中的水分蒸发，但应控制加热温度。

2.4.5 沥青面层空隙率不合格

产生原因：

（1）马歇尔试验孔隙率偏大或偏小。

（2）压实度未控制在规定的范围内。

（3）混合料中细集料含量偏低。

（4）油石比控制较差。

防治措施：

（1）在沥青拌和站的热料仓口取集料筛分，以确保沥青混合料矿料级配符合规定。

（2）确保生产油石比在规定的误差范围内。

（3）控制碾压温度在规定范围内。

（4）选用规定要求的压路机，控制碾压遍数。

（5）严格控制压实度。

2.4.6 沥青混合料油石比不合格

产生原因：

（1）实际配合比与生产配合比偏差过大。

（2）混合料中细集料含量偏高。

（3）拌和楼沥青称量计误差过大。

（4）承包商设定拌和楼油石比时采用生产配比误差下限值。

（5）油石比试验误差过大。

防治措施：

（1）保证石料的质量均匀性。

（2）对拌和楼沥青称量计进行检查标定，并取得计量认证。

（3）调整生产配合比，确保油石比在规定范围内。

（4）按试验规程认真进行油石比试验。

（5）保证吸尘装置工作正常和矿料沥青用量准确。

（6）收集每日沥青用量和集料矿料用量并进行计算，验证油石比是否满足要求。

2.4.7　沥青面层施工中集料被压碎

产生原因：

（1）石灰岩集料压碎值偏大。

（2）粗集料针片状颗粒较多。

（3）石料中软石含量或方解石含量偏高。

（4）碾压程序不合理。

防治措施：

（1）选择压碎值较小的粗集料。

（2）选用针片状颗粒含量小的粗集料。

（3）控制碾压遍数，以达到规定压实度为限，不要超压。

（4）应按初压、复压、终压程序碾压，初压用钢轮，复压用胶轮，终压用钢轮，应遵循先轻后重、由低到高原则。

2.4.8　沥青混合料检验中粉胶比不合格

产生原因：

（1）用油量不符合标准。

（2）矿粉用量不符合标准。

（3）石灰岩集料压碎值偏大或针片状含量过高，造成石料被压碎，增加小于 0.075 mm 级配数量。

（4）集料含有粉尘，生产配合比设计时集料未用水洗法筛分。

（5）拌和楼吸尘装置未能有效吸尘。

防治措施：

（1）严格控制沥青混合料生产配合比。

（2）选用压碎值小、针片状颗粒含量较少、0.075 mm 以下颗粒含量较少的石料。

（3）生产配合比设计时，集料筛分应用水洗法。

（4）保证拌和楼吸尘装置有效矿粉、沥青用量的准确。

2.4.9 沥青面层厚度不足

产生原因：

（1）试铺时未认真确定好松铺系数。

（2）施工时未根据每天检测结果对松铺厚度进行调整。

（3）摊铺机或找平装置未调整好。

（4）基层标高超标。

防治措施：

（1）试铺时仔细确定松铺系数，施工中根据实际检测情况进行调整。

（2）调整好摊铺机及找平装置的工作状态。

（3）下面层施工前认真检查下封层标高，基层超标部分应刮除，补好下封层，再摊铺下面层。

（4）根据每天沥青混合料摊铺总量检查摊铺厚度，并进行调整。

2.4.10 沥青面层横向裂缝（图 2-3）

产生原因：

（1）基层开裂延伸到沥青面层。

（2）基层开挖沟槽埋设管线。

图 2-3　沥青面层横向裂缝

（3）通道沉降缝、搭板尾部与基层接合部产生不均匀沉降。

（4）下承层顶面未清扫干净，有浮料或污染，沥青混凝土在碾压时产生推移形成横向裂缝。

（5）终压时沥青混合料温度偏低，沥青黏结力下降，碾压时的推力产生碾压裂缝。

防治措施：

（1）基层施工时严格控制配合比、压实度，加强养护工作，处治基层，采取防裂措施，减少基层横向开裂。

（2）严格控制沟槽、结构物、台背的路基回填质量，回填时应挖好台阶，分层压实。基层开裂处、桥头搭板尾部和通道沉降缝处顶面铺设玻纤网，以降低对面层的影响，减少面层横向裂缝。

（3）在沥青混凝土摊铺前，下承层顶面必须清理干净。

（4）严格控制终压时的沥青混凝土温度，及时碾压。

2.4.11　沥青面层纵向裂缝（图 2-4）

图 2-4　沥青面层纵向裂缝

产生原因：

（1）地基沉降不均匀引起路基路面纵向开裂。

（2）路基填筑使用了不合格填料（如膨胀土），路基吸水膨胀引起路面开裂。

防治措施：

（1）加固地基，使用合格填料填筑路基或对填料进行处理后再填筑路基。

（2）在裂缝两边各挖除一定宽度基层，采用厚度不小于 20 cm 的钢筋混凝土补平基层，其上加铺玻纤网，再铺筑沥青面层。

2.4.12　沥青混合料残留稳定度不合格

产生原因：

（1）粉尘含量过高，砂当量不合格。

（2）矿粉亲水系数不合格。

（3）用油量偏低。

（4）粒径小于 0.075 mm 的石料与沥青的比例超标。

（5）试验方法不规范。

防治措施：

（1）选用合格的原材料进行施工。

（2）严格控制好沥青用量，确保油石比符合要求。

（3）规范油石比检测试验操作方法。

2.4.13 沥青面层平整度超标

产生原因：

（1）摊铺机及找平装置未调整好，致使松铺面不平整。

（2）摊铺过程中停车待料。

（3）运料车倒退卸料撞击摊铺机。

（4）下承层平整度差。

防治措施：

（1）仔细设置和调整，使摊铺机及找平装置处于良好的工作状态，并根据试铺效果随时调整。

（2）施工过程中摊铺机前方应有运料车在等候卸料，确保摊铺连续、均匀地进行，不得中途停顿，不得时快时慢。

（3）路面各个结构层施工时，均应严格控制各层的平整度。

2.4.14 车辙（图 2-5）

产生原因：

（1）沥青用油量偏高，热稳定性差。

图 2-5 车辙

（2）沥青混合料级配偏细，粗骨料处于悬浮状态。

（3）重车的渠化交通。

防治措施：

（1）改善沥青混合料级配，采用较多的粗骨料。

（2）采用改性沥青提高沥青的高温性能。

2.4.15 坑塘

产生原因：

（1）基层强度不均匀，或局部失去强度。

（2）沥青混凝土局部压实度或强度不足。

（3）沥青混凝土局部水渗入，产生水损害。

（4）低温施工，油与料结合不良。

（5）沥青混合料配合比不正确，用油偏少，结合料加温过度，失去黏结力。

防治措施：

（1）加强基层施工管理，按操作规程施工，提高基层强度的均匀性。

（2）调整沥青混合料配合比，调整压路机配套组合。

（3）避免低温施工，严格按配合比投料，控制好沥青和矿料加热温度及沥青混凝土出料温度。

2.4.16 泛油

产生原因：

（1）沥青用量偏高。

（2）沥青下封层或黏层油用量偏多。

（3）用料过细或细料偏多。

防治措施：

（1）严格控制油石比。

（2）按设计控制下封层沥青用量。

（3）严格控制沥青混凝土配合比。

2.4.17 唧浆

产生原因：

（1）沥青混凝土开裂或产生坑塘后，水进入基层，发生抽吸作用。

（2）基层表面强度不足。

防治措施：

（1）采用水泥稳定碎石基层。

（2）加强半刚性基层顶面清扫和冲洗工作。

2.4.18 失去黏结力

产生原因：

（1）沥青混合料中石料与沥青的黏结性差。

（2）石料含泥量高，石料表面被泥浆裹覆。

（3）沥青路面孔隙过大，导致沥青混凝土长期受水浸害。

（4）沥青用量不足。

（5）石料被压碎或石料吸水性大。

（6）沥青拌和过程中温度偏高，发生老化。

防治措施：

（1）掺入抗剥落剂。

（2）严格控制石料含泥量。

（3）完善沥青混凝土配合比，调整压路机组合，控制压实度。

（4）按施工配合比控制沥青用量。

（5）严格控制沥青混合料拌和温度。

2.4.19 路面层间控制不严，透层、封层、黏层施工方法不当

产生原因：

（1）各层间表面浮灰等杂物未清扫干净。

（2）乳化沥青破乳凝结速度太快。

（3）基质沥青与石料黏附性较差。

（4）不按规定的施工工艺施工。

防治措施：

（1）路面各结构层施工前，要对下承层彻底清扫并用压缩空气或

吹风机吹洗；施工、监理人员均应对现有层面进行一次表观质量及清洁程度检查，对松散、不密实以及污染情况，提出处理意见，处理完成后再进行后续施工。

（2）沥青路面各类封层、透层、黏层在洒布段起始和终止段，如果不能严格控制，则采用铺垫过渡段（在两端铺上 5~10 m 砂或毡布等）的方法保证质量。严禁超量洒布，洒量不足时应重洒或人工补洒，以适量、均匀为最终目的。洒布机应采用有电脑自动控制的设备。

（3）对于沥青路面各沥青混合料层间结合面，要保证洁净，由于放置时间较长或施工等因素造成污染时，要洒布黏层油，喷洒量视污染情况和现场试验而定，并由监理工程师和业主批准。

（4）透层、封层、黏层施工后，开放交通时间应根据现场试验情况确定，以不被黏起带走为控制标准，能晚勿早，严格控制。

3 桥梁工程

3.1 随意凿除桩头混凝土，桩头凿除不规范（图 3-1）

（a）

（b）

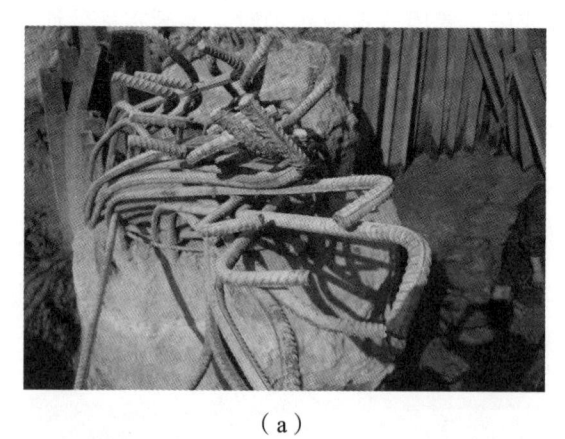

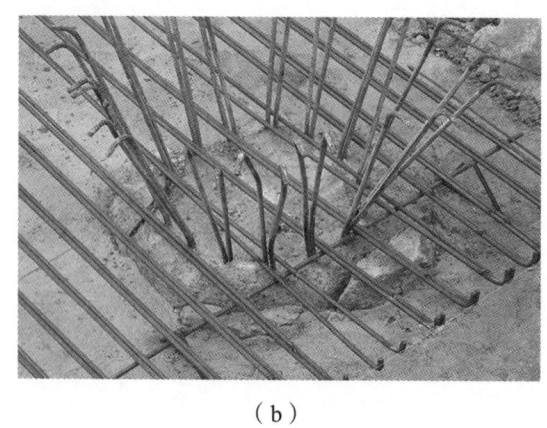

（c）

（d）

图 3-1 桩头处理不规范

防治措施：

（1）凿除前在距保留的桩顶 10 cm 左右的桩头上划线。

（2）线上部分采用风枪凿除，接近划线的地方时，桩身混凝土应由外向内凿除。线下部分采用人工凿除，凿除时应注意保留桩身混凝土的保护层。

（3）需要暂时对钢筋进行弯曲时，应采用钢筋扳手进行弯曲。

（4）桩头凿除完后，应对弯曲的钢筋进行调直处理。

3.2 墩身钢筋埋置不均匀，间距超标（图 3-2）

图 3-2　钢筋间距超标

防治措施：

制作钢筋胎板，墩身钢筋安装和承台混凝土浇筑时，利用胎板对墩身钢筋进行固定。

3.3 墩台身表面蜂窝、孔洞（图 3-3）

（a）孔洞

（b）蜂窝

图 3-3　墩台身表面蜂窝、孔洞

产生原因：

（1）模板表面粗糙或清理不干净，拆模时混凝土表面黏损，出现麻面。

（2）钢模板隔离剂不均匀或局部漏刷，混凝土被黏损，形成麻面。

（3）模板接缝拼装不严密，浇筑时漏浆，混凝土表面沿板缝位置出现麻面。

（4）混凝土振捣不密实，其气泡未排除，一部分气泡停留在模板表面形成麻点。或由于没有配合人工插边，使水泥浆流不到靠近模板的地方。

防治措施：

（1）模板表面要清理干净。

（2）钢模板隔离剂涂刷均匀，不得漏刷。

（3）混凝土浇筑时要分层、均匀浇筑，振捣要密实，不漏振、不过振，配合人工插边。

（4）可将麻面部位用清水刷洗，充分湿润后用水泥浆或 1∶2 水泥砂浆加 107 胶抹平。

3.4　混凝土过振和漏振，导致外表不美观（图 3-4）

（a）撬痕

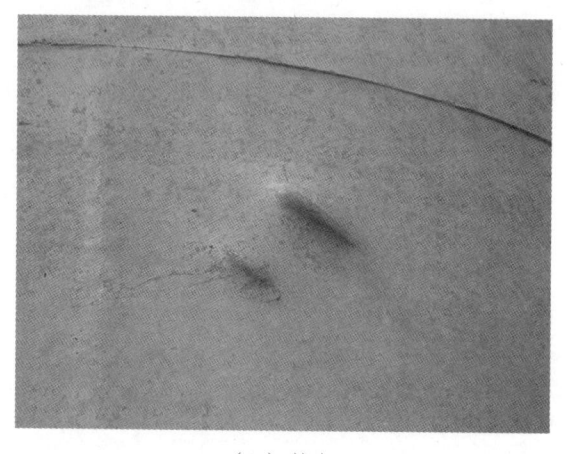

（b）鼓包

(c)色泽不一致

(d)污染物

图 3-4 墩台身表面不美观

产生原因:

(1)混凝土振捣工人责任不明确,施工前未接受技术培训。

(2)同一部位振捣时间过长。

(3)某一部位漏振。

(4)混凝土浇筑厚度过厚,没有分层。

(5)振捣器选择不合适,振捣器功率小,振捣力不足。

（6）浇筑混凝土过程中不连续振捣，出现漏振。

（7）附着式振捣器的布置间距不合理。

防治措施：

（1）对振捣工人要分工明确，责任到人，调动其生产积极性，将振捣质量与工资奖金挂钩。要选择工作认真、责任心强的工人专门进行振捣。

（2）浇筑混凝土时，一般应采用振捣器振实，避免人工振实。大型构件宜用附着式振动器在侧模和底模上振动，用插入式振捣器辅助，中小型构件在振动台上振动。钢筋密集部位宜用插入式振捣棒振捣。

（3）混凝土按一定厚度、顺序和方向分层浇筑振捣，上下层混凝土的振捣应重叠，厚度一般不超过 30 cm。

（4）使用插入式振捣棒时，移动间距不应超过振捣棒作用半径的 1.5 倍；与侧模应保持 5~10 cm 的距离；插入下层混凝土 5~10 cm；每一部位振捣完成后应边振边徐徐提出振捣棒，应避免振捣棒碰撞模板、钢筋及其他预埋件。

（5）使用平板振动器时，移位间距，应以使振动器平板能覆盖已振实部分 10 cm 左右为宜。

（6）附着式振捣器的布置距离，应根据构造物形状及振动器性能等情况，通过试验确定。

（7）对每一振捣部位，必须振捣到该部位的混凝土密实为止。密实的标志是混凝土停止下沉，不再冒出气泡，表面平坦、泛浆。

（8）混凝土浇筑过程发生间断时，其间断时间应小于前层混凝土的初凝时间，并充分注意前后浇筑混凝土的连接密实。若间断时间超出规定时间，一般按工作缝处理。

（9）对于循环使用的模板，每次重复使用前，一定要修整模板，保证模板平整、洁净。

（10）拆模时，拆模工具（撬棍等）不能直接利用混凝土作为支点进行作业；不得使用废旧机油作为脱模剂；混凝土表面修补，要有修补的工艺措施，拆模后应及时进行修补，做到混凝土色泽一致；后续作业污染混凝土表面后，应及时进行清洗，恢复混凝土的原貌。

3.5 预制钢筋混凝土梁板质量通病

产生原因：

（1）模板本身纵向不顺直。

（2）梁底模没有清洁干净，底模表面采用锌铁皮、塑料布或薄胶板时容易出现皱折。

（3）制作模板的材料较差，钢模板或木模板刚度不够，混凝土浇筑过程中变形过大。

（4）隔离剂不好或涂刷不均匀。

防治措施：

（1）梁的侧模在制作时要做到顺直。

（2）侧模强度和刚度要进行验算，尽量采用刚度较大的截面形式。

（3）梁的底模尽量采用厚度大于 5 mm 的钢板，在浇筑混凝土时要清扫干净。

（4）梁的外露面涉及美观需要，因此要保证模板表面平整光洁。采用钢模板时，应将模板清洁干净；采用木模板时，要在木模板的表面包铁皮或防水胶合板，尽量不用木模板。

（5）在支架上现浇梁板时，支架必须安装在坚实的地基上，并应有足够的支撑面积，以保证所浇筑的梁板不下沉。且应设置排水措施，防止地基被水浸泡，而使支架下沉。

（6）后张拉预应力梁板的底模设置，应考虑到张拉时梁的中间拱起，两端产生集中反力，因此两端地基必须进行加强处理。

（7）设置土底模的梁板，其侧模必须安装在坚实平整的地坪上。

（8）当采用木模板时，若不能马上浇筑混凝土，气候干燥时须浇水保湿，以防模板收缩开裂、变形。在浇筑混凝土前，必须重新校核各部位尺寸。

（9）模板安装后，应检查拼缝处是否有缝隙，若有缝隙，一般采用泡沫状塑料条或胶带条等将缝隙密封，以防漏浆。

3.6 施工场地存放钢筋的质量通病（图3-5）

图 3-5 钢筋外表锈蚀、麻坑、裂纹

产生原因：

（1）仓库保管不善，环境潮湿，钢筋储存时间过长。

（2）露天堆放时间过长，未用防雨布遮盖，受到雨水侵蚀，未用垫木对钢筋进行支垫。

防治措施：

（1）露天堆放钢筋时，应选择地势较高的地方，钢筋要用垫木支垫，一般离地面 30 cm 以上，堆放时间应尽量缩短，用防雨布遮盖。

（2）加强仓库管理，对仓库内的钢筋不许执行先进库先使用的原则。

（3）对表面有浮锈的钢筋应清除干净后再使用。一般用钢刷或喷砂机进行除锈。

（4）对表面有严重锈蚀、麻坑、裂纹并削弱截面的钢筋，应除锈后降级使用或另作处理。

3.7 下料后的钢筋长度和成形后的钢筋尺寸不符合施工图设计要求（图3-6）

（a）违规切除钢筋

（b）角度不准

图 3-6　钢筋长度和尺寸不符合要求

产生原因：

（1）钢筋加工配料时，没有准确计算长度，有弯钩或弯起钢筋的情况下，没有加弯钩长度或扣除弯曲伸长。

（2）用手工弯曲时，板距选择不当，角度不准。

防治措施：

（1）配料时不能直接按图纸尺寸下料，必须综合考虑钢筋净保护层、钢筋弯曲、弯钩等。

（2）对形状复杂的钢筋，要事先放好大样，再根据具体条件选择合适的操作参数进行弯配。

（3）弯曲钢筋的板距应根据钢筋弯曲角度和钢筋直径而定。

（4）钢筋弯曲伸长值与弯曲角度有关。

3.8 钢筋焊接质量通病（图3-7）

（a）

（b）

图3-7 残留焊渣

产生原因：

（1）焊工不熟练，没有取得焊工考试合格证书。

（2）焊接完成后没有测量焊缝长度。

（3）焊条不合格。

（4）焊接完成后，没有敲掉焊皮。

防治措施：

（1）钢筋焊接前，必须根据施工条件进行试焊，合格后方可正式焊接。焊工必须有相应考试合格证书。

（2）钢筋接头采用焊接或帮条电弧焊时，应尽量做成双面焊缝。

（3）钢筋接头采用搭接电弧焊时，两钢筋搭接端部应预先折向一侧，使两接合钢筋轴线一致。

（4）接头双面焊缝的长度不应小于 $5d$（d 为钢筋横截面直径），单面焊缝的长度不应小于 $10d$。

（5）钢筋接头采用帮条电弧焊时，帮条应采用主筋同级别的钢筋，其截面面积不应小于被焊钢筋的截面积。帮条长度在采用双面焊缝时不应小于 $5d$，单面焊缝时不应小于 $10d$。

（6）所采用焊条的性能应符合低碳钢和低合金钢电焊标准的有关规定。

（7）受力钢筋焊接应设置在内力较小处，并错开布置。

（8）电弧焊接与钢筋弯曲处的距离不应小于 $10d$，也不宜位于构件的最大弯矩处。

（9）焊接时，焊接场地应有适当的防风、雨、雪、严寒设施，环境温度在 $-20 \sim 5\ ℃$ 时，应采取技术措施，保证焊接质量，低于 $-20\ ℃$ 时，不得虚焊。

（10）焊接完成后，应及时将焊皮敲掉。

4

隧道工程

4.1 开挖及初期支护质量通病

4.1.1 超欠挖（图 4-1）

图 4-1 隧道欠挖

产生原因：

（1）测量放样不正确。

（2）岩石隧道爆破施工未到位或围岩坍落。

（3）挖掘机开挖时直接开挖到设计开挖轮廓边缘。

（4）地质情况较差、土体垂直节理发育、稳定性差、局部出现坍塌。

（5）掌子面开挖后架设拱架前不进行初喷，造成粉质黄土失水松散掉块。

防治措施：

（1）测量放样时要正确标出开挖轮廓线，在开挖过程中控制好开挖断面，做到测量正确。

（2）岩石隧道爆破开挖时要严格根据爆破施工技术交底进行提前准备，正确控制好炮眼间距，并严格根据技术参数确定装入药量。

（3）在开挖过程中还需依据实际情况确定预留变形量，应考虑施工中可能发生的围岩改变情况（掉块或坍落）。

（4）在施作超前小导管时要控制好外插角，预防因外插角过大造成超挖。

（5）预留开挖轮廓边缘线，在开挖过程中采取人机配合，避免机械开挖造成超、欠挖现象。

（6）地质情况较差、局部出现坍塌时依据实际情况立即施作早期支护进行封闭处理。

（7）开挖到设计轮廓线位置后立即进行初喷，封闭开挖面，再架设型钢拱架。

4.1.2 初期支护采取分层喷射技术,出现混凝土掉层脱落(图4-2)

图 4-2 初期支护混凝土掉层脱落

产生原因:

(1)第一层喷射混凝土和钢架表面尘土污染清理不彻底,降低了新旧混凝土黏结力。

(2)喷射混凝土不密实、空鼓,造成初期支护表面渗漏水,钢架表面锈蚀。

(3)在初期支护未稳定前,由收敛和沉降引发,造成钢架外露和混凝土表面掉层。

防治措施:

(1)对钢架和第一层喷射混凝土表面进行根本清理。

(2)喷射混凝土时先喷射填塞钢架背后,然后每层按 3~5 cm 厚度分层喷射。对于富水隧道，尽可能采取引排方法降低初期支护背后积水对混凝土的长久侵蚀。

（3）严格执行"短进尺、强支护、早封闭、快成环"施工原则，降低对原有土层扰动，降低原深埋土层暴露时间。

4.1.3 喷射混凝土不进行养护

产生原因：

隧道采取养护液养护，喷射混凝土终凝后，混凝土表面布满灰尘，养护液涂抹存在困难，施工单位为了降低材料费和人工费不进行喷射混凝土养护。

防治措施：

喷射混凝土表面灰尘用高压风清理后，再进行养护液涂抹，加大现场监理检验力度。

4.1.4 喷射混凝土拱顶空洞（图4-3）

图4-3 拱顶空洞

产生原因：

（1）超挖或开挖后未立即进行支护造成局部坍落，而施作喷射混凝土前又未按要求用同级混凝土回填密实。

（2）因为拱顶喷混凝土是垂直作业，在自重作用下喷射混凝土易和接触面出现较大空隙，造成空洞。

（3）架设钢拱架及钢筋网以阻挡喷射混凝土和围岩大面积接触，在其上形成混凝土壳体，造成空洞。

防治措施：

（1）首先要在开挖前加强超前小导管施工，开挖后立即封闭掌子面，喷射混凝土前对超挖或坍落部位进行同级混凝土回填，再进行喷混凝土施工。

（2）喷混凝土作业时要严格根据施工工艺施工。

（3）对施工后产生的空洞，应采取打眼压浆处理，用水泥浆进行回填，以填补空洞，确保施工质量。

4.1.5　软硬岩石交接地带拱脚初期支护产生纵向裂缝

产生原因：

（1）锁脚锚杆（管）施作不到位。

（2）开挖后因为围岩自稳能力较差，造成围岩急剧变形；或因隧道掌子面爆破加剧围岩变形所致。

防治措施：

（1）加强锁脚锚杆施工质量控制。

（2）施作大拱脚，并做好围岩量测，了解围岩变形动态。

（3）拱脚以上 1 m 范围内严禁欠挖，清理虚渣彻底，衬砌紧跟开挖面。

（4）爆破施工时确保施工间距符合要求。

4.2 隧道衬砌质量通病

4.2.1 隧道衬砌裂缝（图 4-4）

图 4-4 隧道衬砌裂缝

产生原因：

（1）干缩裂缝的产生主要受水泥品种、用量及混凝土拌合物水灰比、骨料级配的影响；另外还有施工温度对二次衬砌施工的影响。

（2）仰拱和边墙基础虚渣未清理干净，混凝土浇筑后，基底产生不均匀沉降；模板台车或堵头板没有固定好；过早脱模或脱模时混凝土受到较大外力撞击等是产生荷载变形裂缝的原因。

（3）衬砌施工缝（接茬缝）是在施工过程中因为停电、机械故障等原因迫使混凝土浇筑作业中止，时间超出混凝土初凝时间后，继续浇筑，而先施工混凝土界面未处理便进行后续施工，在新旧混凝土接茬间产生的裂缝。

防治措施：

（1）把好原材料质量关，施工中严格按配合比进行施工，并确保施工温度在许可范围内。

（2）衬砌施工前确保边墙等基础部位无虚渣，在施工过程中严格控制混凝土浇筑施工工艺。

（3）在混凝土接缝施工时，严格按接缝施工工艺进行混凝土施工，在确保先浇筑混凝土含有良好重塑性时，加强接茬处混凝土振捣。

4.2.2 衬砌环向施工缝渗漏水（图4-5）

图4-5 衬砌环向施工缝渗漏水

产生原因：

（1）防水板焊接质量存在问题，或遭破坏。

（2）中埋式橡胶止水带施工质量不合格。

（3）排水盲管或盲沟被堵塞。

防治措施：

（1）采取以排为主，排、堵、截相结合的综合治水标准。

（2）每条焊缝均做充气压力检验。

（3）加强对防水板保护，尤其是二次衬砌钢筋焊接施工时，应预防防水板被烧伤、灼伤，钢筋接头扎破防水板。混凝土浇筑振捣时，尽可能预防防水板被破坏。

（4）中埋式橡胶止水带必须严格按规范要求，保持直顺，无损坏。

（5）正确施作排水盲管，做好防排水施工。

4.2.3 衬砌混凝土局部蜂窝（图 4-6）

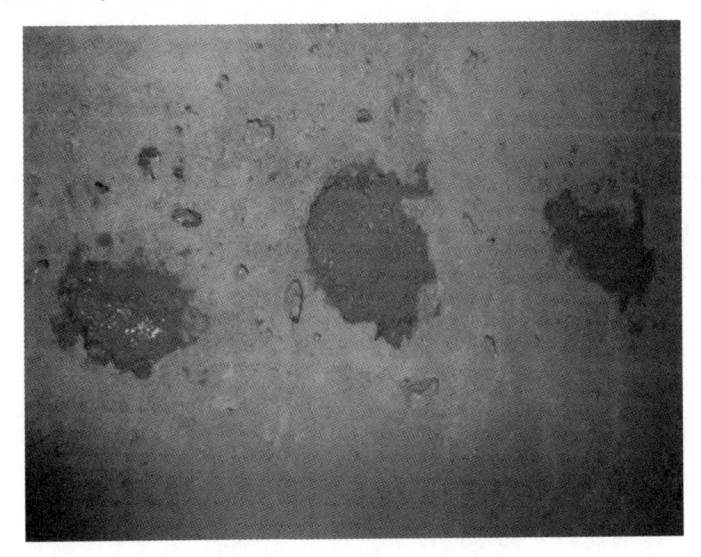

图 4-6 衬砌混凝土局部蜂窝

产生原因：

（1）混凝土配合比不妥或砂、石、水泥材料加水量计量不准，造成砂浆少、石子多。

（2）混凝土搅拌时间不够，未拌和均匀，和易性差，振捣不密实。

（3）下料不妥或下料过高，造成石子砂浆离析。

（4）混凝土未分层浇筑，振捣不实，漏振，或振捣时间不足。

（5）模板缝隙未堵严，水泥浆流失。

（6）钢筋较密，使用石子粒径过大或坍落度过小。

防治措施：

（1）二次衬砌模板拼装完成后，严格根据设计和规范要求进行模板检验。

（2）认真设计、严格控制混凝土配合比，经常检验，做到计量正确，混凝土拌和均匀，坍落度适合。混凝土下料高度超出 2 m，浇筑应分层下料，分层振捣，预防漏振。模板缝应堵塞严密，浇筑中，应随时检验模板支撑情况，预防漏浆。

（3）对于小蜂窝，洗刷洁净后，用 1∶2 或 1∶2.5 水泥砂浆抹平压实；对于较大蜂窝，凿去蜂窝处微弱松散颗粒，刷洗干净后，支模用高一级细石混凝土仔细填塞捣实；对于较深蜂窝，如清除困难，可埋压浆管、排气管，表面抹砂浆或浇筑混凝土封闭后，进行水泥压浆处理。

（4）加强混凝土搅拌、运输、浇筑、振捣等工序的质量控制。

4.2.4 衬砌混凝土局部孔洞

产生原因：

（1）在钢筋较密部位或预留孔洞和埋件处，混凝上下料被卡住，未振捣就继续浇筑上层混凝土。

（2）混凝土离析，砂浆分离，石子成堆，严重跑浆，又未进行振捣。

（3）混凝土一次下料过多、过厚、过高，振捣不到位，形成松散孔洞。

（4）混凝土内掉入模具、木块、泥块等杂物，混凝土被卡住。

防治措施：

（1）在钢筋密集处及复杂部位，采取细石混凝土浇筑，在模板内充满，分层振捣密实。预留孔洞，应两侧同时下料，侧面加开浇筑门，严防漏振。认真检查并清除混凝土中混入的黏土块、模板工具等杂物。

（2）将孔洞周围松散混凝土和软弱浆膜凿除，用压力水冲洗，湿润后用高等级细石混凝土仔细浇筑、振捣密实，至排除气泡为止。

4.2.5 衬砌混凝土麻面

产生原因：

（1）模板表面粗糙或黏附水泥浆渣等杂物，未清理洁净，拆模时混凝土表面被黏坏。

（2）模板未浇水湿润或湿润度不够，构件表面混凝土水分被吸收，使混凝土失水过多，出现麻面。

（3）模板拼缝不严，局部漏浆。

（4）模板隔离剂涂刷不匀、局部漏刷或失效。混凝土表面和模板黏结，造成麻面。

（5）混凝土振捣不实，气泡未排出，停在模板表面形成麻点。

防治措施：

（1）支模时模板内表面要平整光滑，模板表面清理洁净，不得黏有干硬水泥砂浆等杂物。浇筑混凝土前，模板应浇水湿润。模板缝隙应用油毡纸、腻子等堵严。模板隔离剂应选择长久有效的品种，涂刷均匀，不得漏刷。

（2）表面作粉刷的，可不处理；表面无粉刷的，应在麻面部位浇水湿润后，用原混凝土配合比去掉石子制成砂浆，将麻面抹平压实。

（3）认真设计、严格控制混凝土配合比，经常检验，做到计量正确，混凝土拌和均匀，控制好混凝土坍落度及其他混凝土性能的稳定性。浇筑时应分层下料，分层振捣，预防漏振。模板缝应堵塞严密，浇筑中，应随时检验模板支撑情况，预防漏浆。

4.2.6 衬砌混凝土缺棱掉角

产生原因：

（1）模板未浇水湿润或湿润度不够，混凝土浇筑后养护不好，造成脱水，强度低；或模板吸水膨胀将边角拉裂，拆模时，棱角被磕坏。

（2）低温施工时过早拆除侧面非承重模板。

（3）拆模时，边角受外力或重物撞击；或保护不好，棱角被碰掉。

（4）模板未涂刷隔离剂或涂刷不均。

防治措施：

（1）在浇筑混凝土前模板应充分润湿，混凝土浇筑后应认真浇水养护，拆除侧面非承重模板时，混凝土抗压强度应大于 12 MPa。拆模时注意保护棱角，避免用力过猛、过急。吊运模板时，预防撞击棱角。运输时，将成品阳角用草袋等保护好，以免碰损。

（2）如发现缺棱掉角，可将该处松散颗粒凿除，冲洗湿润后，视破损程度用 1∶2 或 1∶2.5 水泥砂浆抹补齐整；或支模用比原来高一级标号的混凝土捣实补好，认真养护。

4.2.7　二次衬砌混凝土和初期支护间存在空洞

产生原因：

防水板铺挂不符合规范要求，封顶混凝土施工不到位，或混凝土收缩。

防治措施：

严格根据规范要求的松弛度铺设防水板，并加密固定；在模板台车端部预留排气孔；加强拱顶混凝土施工监督，确保顶部混凝土饱满密实；预埋压浆管，待混凝土达到设计要求后，进行拱部压浆处理。

4.2.8　二次衬砌钢筋锈蚀、绑扎不满足要求

产生原因：

（1）钢筋在绑扎前未进行除锈处理，绑扎后在施作二次衬砌前未对已绑扎钢筋进行合理保护。

（2）在绑扎二次钢筋过程中垫块数量不够或位置部署不正确。

（3）钢筋绑扎工技术差或工作责任心不强。

防治措施：

（1）在二次衬砌钢筋下料前，须将其弯曲成形，确保搭接钢筋长度满足要求。焊工必须持证上岗，定时对焊工进行考评，确保钢筋焊接质量。

（2）雨天对钢筋原材及半成品采取一定防护措施，明洞二次衬砌钢筋要搭设防雨棚，预防钢筋锈蚀。对已经锈蚀钢筋要进行除锈处理，锈蚀严重的钢筋必须做更换处理。

（3）二次衬砌钢筋间距不符合设计及规范要求时，必须进行返工处理，要求施工单位加强自检制度。

4.2.9 混凝土内部主筋、架立筋或箍筋局部裸露在结构表面

产生原因：

（1）浇筑混凝土时，钢筋保护层垫块位移过大、垫块太少或漏放，致使钢筋紧贴模板外露。

（2）结构构件截面小，钢筋过密，石子卡在钢筋上，使水泥砂浆不能充满钢筋周围，造成露筋。

（3）混凝土配合比不妥，产生离析，靠模板部位缺浆或模板漏浆。

（4）混凝土保护层厚度太小或保护层处混凝土振捣不实。振捣棒撞击钢筋或工人踩踏钢筋，使钢筋发生位移，造成露筋。

（5）木模板未浇水湿润、吸水黏结或脱模过早，拆模时混凝土缺棱、掉角造成漏筋。

防治措施：

（1）浇筑混凝土前，应确保钢筋位置和保护层厚度正确，并加强检验。钢筋密集时，应选择合适粒径石子，确保混凝土配合比正确并具有良好和易性。浇筑高度不得超出 2 m，超出 2 m 时采用导管，以预防离析。模板应充足湿润并认真堵好缝隙。混凝土振捣过程中严禁撞击钢筋，操作工人避免踩踏钢筋，如有踩弯或脱扣等现象应立即调整直正；保护层混凝土要振捣密实。正确掌握脱模时间，预防过早拆模，碰坏棱角。

（2）将表面漏筋部位刷洗干净后，在表面抹 1∶2 或 1∶2.5 水泥砂浆，将漏筋部位抹平；漏筋较深的部位凿去薄弱混凝土和突出颗粒，洗刷洁净后，用比原来高一级标号的细石混凝土填塞压实。

4.3 仰拱施工质量通病

4.3.1 仰拱曲度不够

产生原因：

浇筑仰拱混凝土时未安装内模，无法确保仰拱曲度，两侧混凝土捣固也不密实。

防治措施：

浇筑仰拱混凝土时必须支设内模，确保仰拱曲度和混凝土密实度。

4.3.2 仰拱两端和仰拱填充两侧中埋式橡胶止水带位置不正确或损坏

产生原因：

（1）仰拱内和仰拱填充中埋式橡胶止水带安装固定方法不正确，灌注混凝土时没有采取保护措施，造成中埋式橡胶止水带中心线位置和施工缝中心不重合，出现扭曲现象等。

（2）采取挖掘机开挖下一环仰拱土方时，没有对预埋止水带进行保护，造成止水带损坏。

防治措施：

（1）采取增加固定中埋式橡胶止水带钢筋，端头模板开槽夹止水带的方法，确保止水带中心线位置和施工缝中心重合，不出现扭曲变形现象。

（2）浇筑仰拱混凝土时，应严格控制浇筑冲击力，避免力量过大而刺破橡胶止水带，振捣棒不能碰撞预埋止水带。同时还必须充足振捣，确保混凝土和橡胶止水带紧密结合。若浇筑混凝土时发现止水带不正确，应立即进行处理。

（3）挖掘机挖掘仰拱土方时，应采取保护方法避免损坏已经预埋好的止水带，如有损坏应立即采取补救措施。

4.4 防水板施工质量通病

产生原因：

（1）土工布挂设采取带射钉的热塑性圆垫圈进行固定，热塑性圆垫圈和 EVA 防水板无法焊接，或焊接时烧坏。防水板和热塑性圆垫圈不是同一厂家，材料又是甲供材料。热塑性圆垫圈质量不满足设计要求。

（2）拆除中隔壁和临时仰拱工字钢接头时没有抹平处理，造成防水板损坏。

（3）焊接二次衬砌钢筋时未对防水板进行防护，造成防水板损坏。

防治措施：

（1）热塑性圆垫圈和 EVA 防水板无法焊接，防水板和土工布之间挂设采取射钉进行固定，用防水板在射钉处采取手持焊枪的方式进行补焊。

（2）拆除中隔壁和临时仰拱工字钢接头处，要求采取喷射混凝土或砂浆抹平，平整度用 2 m 靠尺检验，表面平整度许可偏差：侧壁为 5 cm、拱部为 7 cm。

（3）挂设防水板前，采取塑料管套在仰拱预埋钢筋端头上的方式，预防钢筋头损坏防水板。焊接钢筋时在其周围用石棉水泥板进行遮挡，以免溅出火花烧坏防水板。浇筑二次衬砌混凝土时，输送泵管不得直接对着防水板，避免混凝土冲击防水板引发防水板滑脱。

（4）二次衬砌钢筋绑扎完成后，要重新进行防水板复查，发现有损坏现象应立即进行修补焊接处理，确保防水效果。

参考文献

[1] 中华人民共和国交通运输部. 公路路基施工技术规范：JTG/T 3610—2019[S]. 北京：人民交通出版社，2019.

[2] 中华人民共和国交通部. 公路沥青路面施工技术规范：JTG F40—2004[S]. 北京：人民交通出版社，2004.

[3] 中华人民共和国交通运输部. 公路路面基层施工技术细则：JTG/T F20—2015[S]. 北京：人民交通出版社，2015.

[4] 中华人民共和国交通运输部. 公路水泥混凝土路面施工技术细则：JTG/T F30—2014[S]. 北京：人民交通出版社，2014.

[5] 中华人民共和国交通运输部. 公路桥涵施工技术规范：JTG/T 3650—2020[S]. 北京：人民交通出版社，2020.

[6] 中华人民共和国交通运输部. 公路隧道施工技术规范：JTG/T 3660—2020[S]. 北京：人民交通出版社，2020.

[7] 中华人民共和国交通运输部. 公路工程质量检验评定标准 第一册 土建工程：JTG F80/1—2017[S]. 北京：人民交通出版社，2017.

[8] 中华人民共和国交通运输部. 公路工程施工安全技术规范：JTG F90—2015 北京：人民交通出版社，2015.